PINTURA
CUESTIONES Y RECURSOS

© Rubén Fresneda, 2013

www.rfresneda.wordpress.com · rubfrero@hotmail.com

Alcoy (ALICANTE), España

ISBN: 978-1484146378

Rubén Fresneda Romera

Pintura
Cuestiones y recursos

PRÓLOGO

Este libro que aquí se presenta nace de una necesidad que no encontré durante mis años de formación en las Artes plásticas y todo el material que aquí presento lo he ido adquiriendo poco a poco mediante la experiencia y el planteamiento profesional, con una presentación breve, clara y concisa.

Actualmente, en las Facultades de Bellas Artes, se ha ido implantando la máxima de que sus alumnos pese a poseer el título en Bellas Artes, deben desarrollar irónicamente sus carreras fuera del ámbito de las Artes plásticas, decantándose y especializándose en las distintas áreas del diseño y otros quehaceres. Esta búsqueda de nuevas salidas profesionales parecía muy correcta y muy apropiada en primera instancia, pero dejaba descaradamente a un lado a aquellos alumnos que querían (queríamos) desarrollar una carrera profesional en lo que se refiere a las Bellas Artes. Tal fue así, que en cinco años de carrera, apenas esbozaron unas pocas instrucciones sobre como desarrollar el camino para llegar a ser, (en mi caso) pintor.

Esa entidad formadora de pintores, escultores, dibujantes, grabadores... estaba olvidando la esencia de la cual surgió, siendo sus nuevos alumnos todos futuros diseñadores de algo, dejando entrever que las Bellas Artes son algo obsoleto, reducido a unas pocas asignaturas con aire a rancio, dejando una impronta implícita y errónea de conocimientos antiguos y casi olvidados.

Esos nuevos aires pretenciosos me parecieron realmente absurdos (al menos a mí entender), ya que las Bellas Artes es la raíz madre de todas las Artes aplicadas, convirtiendo así pues, una facultad de Bellas Artes en una escuela de Arte, más grande y más cara, dejando a una parte del alumnado (los futuros pintores) en meros peleles inertes sin opinión ni presencia. Según mi criterio, las Artes aplicadas deben ser una extensión natural del propio pintor, siendo así otra manera de expresarse. Con esto se pretende decir que no hay que sustituir al pintor por un *diseñador*, sino que el diseñador, debe ser primeramente pintor. Y este libro, es una especie de guía, de manual para aquellos que quieren realmente llegar a ser pintores, o al menos intentarlo.

Así pues, este escrito se divide en dos partes. La primera son algunas cuestiones en torno a la Pintura, como ¿Qué es? Y ¿Para que sirve? Aportando una orientación o bien si lo prefieren una respuesta. Son conclusiones a las que he llegado como pintor y no como crítico o teórico, que suelen ser los profesionales habituales, y pueden ser tan válidas como inútiles, siempre dependerá con que ojos lo veamos y esperando que el lector pueda llegar a nuevas conclusiones a partir de éstas, creando pues, el germen de un eterno debate entre pintores. El segundo apartado (a partir del capítulo 7) se centra en los recursos propios del pintor, dando una orientación y unos pasos a seguir para ir constituyendo una carrera dentro del mercado del Arte en sus diferentes aspectos, marcando que lugares son los más adecuados y cuales son los mecanismos para divulgar y promocionar una exposición.

De esta forma, el propósito de este libro desde la primera hasta la última palabra es dotar de los mecanismos necesarios para el pintor novel, cosa que los centros académicos no hacen o cada día se preocupan menos en hacerlo, forjándose por tanto, de modo casi obligatorio las siguientes preguntas: ¿Si no hay nuevos pintores (todos son diseñadores), si no se genera un Arte nuevo, de que vivirá todo el conglomerado que es el sistema del Arte? Los pintores difuntos ya no generan obras nuevas (más faltaría) y todos los Sorolla, Picasso, Velázquez... estén en museos y colecciones privadas, ¿Qué harán las galerías? ¿Qué harán todos los museos de Arte Contemporáneo? ¿Se acabará la era Postmoderna? ¿Se acabará el Arte? ¿Tendrá sentido ser Crítico?.

Mediante el cuestionamiento de estas preguntas se intenta poner en duda el nuevo planteamiento que se está instaurando en los centros educativos e intentando dar a aquellas personas que quieran dedicarse profesionalmente al Arte una pequeña guía, la cual espero que les ayude y les sirva.

1-¿QUÉ ES LA PINTURA?

Si nos encontráramos en el ámbito de las letras, la definición aproximada de la palabra Pintura, sería: *material líquido o pastoso que se utiliza para pintar una superficie*. Pero, ¿Es ese el significado con el que el pintor identifica la Pintura? En cierta forma, sí, pero muy vagamente, por no decir nada desde un punto de vista extremo.

Efectivamente la Pintura se utiliza para pintar superficies, desde una pared, techo, fachada a una tela o madera. En este capítulo se intentará poner de manifiesto el otro sentido de la Pintura, encontrar el significado de la Pintura para el pintor, desde la propia experiencia del pintor. Así pues, se vuelva a formular la pregunta: ¿Qué es la Pintura?

En términos académicos, la Pintura forma parte de lo que se denomina Arte o Artes Plásticas, en escuelas, academias o facultades, un departamento o una asignatura. Pese a que esta afirmación forma parte de la entidad a la que llamamos Arte y que hoy sigue muy vigente, parece no ser la más adecuada ni la más acertada. La Pintura forma parte del Arte, claro está, es indudable, se han escrito muchos libros monográficos sobre el trabajo de los pintores, libros de técnicas pictóricas, pero a fecha de hoy no he encontrado ningún libro que explique que significa realmente la Pintura, o al menos que algún pintor explique su visión de ésta. Realmente resultaba muy frustrante. Puede que el significado que he encontrado para definir la Pintura sólo sirva a un nivel particular, pero desde luego sirve, explica y mueve el propio microcosmos individual en el cual reside mi Yo. Como se puede haber visto ya y en todo el libro, la palabra «Pintura» empieza en mayúscula, atribuyéndole más importancia, más relevancia, porque para mí, su valor es grande.

Así pues, el significado de la Pintura, empieza con el acto de pintar. Desde el inicio de mi aprendizaje, la Pintura siempre ha formado parte de mi formación desde que tengo uso de razón. Desde una edad temprana, mis padres, decidieron matricularme en una Escuela Municipal de Bellas Artes. Evidentemente en la niñez aquellas enseñanzas eran un puro divertimento, donde me ensuciaba las manos, la ropa, desaparecían las cajas de ceras Manley y todos los botes de témpera estaban mezclados con todos los colores. A día de hoy, sigo manchándome las manos, la ropa y además, parte del suelo. Creo que eso lo hacemos la gran mayoría de pintores. Años más tarde, abandoné aquella escuela, el motivo era por que siempre cada año, se hacía lo mismo y resultaba muy reiterativo. También cabe señalar que desde pequeño hasta el día de hoy me he considerado y se me ha considerado una persona introvertida y la Pintura resultaba el medio más plausible para manifestar mi micro-universo mental, estableciendo un diálogo indirecto (propio de la Pintura) entre yo y la persona que miraba aquel papel pintado.

Pese a dejar esa escuela no dejé de pintar y dibujar, de hecho el dibujo era lo que más fácil me resultaba ya que mis conocimientos en Pintura eran muy limitados. Dibujaba más que pintaba.

Poco a poco mis conocimientos en las Artes plásticas se fueron incrementando de forma autodidacta hasta que llegué a Bachiller, donde mis conocimientos crecieron ciertamente pero no mucho ya que en la Escuela de Arte donde realizaba esos estudios tenía el objetivo implícito de que sus alumnos realizaran los estudios superiores allí, vetando el camino a la Universidad y por tanto a las Bellas Artes. Pese a este impedimento constante en la Escuela de Arte, ingresé en la Facultad de Bellas Artes de San Carlos, en Valencia. El primer año fue, quizás el más intenso y el año que mis conocimientos en Pintura aumentaron exponencialmente, tanto que me decanté por la Pintura, la cual hasta el momento estaba en un segundo plano. No es que el resto de materias se me dieran mal, como el Dibujo o la Escultura. Sencillamente con una brocha en la mano disfrutaba o me frustraba. Resultaba que mediante ese *material líquido o pastoso* creaba un diálogo introspectivo, manifestando una simbología interior que nada más yo y unos pocos podían entender. Ésta es una parte que hizo que la Pintura resultara una herramienta con la que mi micro-mundo tomaba sentido y se manifestaba materialmente. También con los recursos propios de la Pintura, es decir con la mentalidad que vemos y analizamos un cuadro, empecé a ver el mundo de mí alrededor, ver Pintura más allá de la representación pictórica. Verifiqué que mis ojos ya no veían igual que antes, cuando un día en el tranvía me puse a observar el rostro de una persona, donde podía ver tonos verdes, azules, violáceos… colores que no eran propios de un rostro pero que allí estaban, vibrando, llamando la atención. Vi elementos de la Pintura en la realidad. Eso cambió el mundo, y la forma de ver éste. Empezar a ver las texturas, rastros del pincel y darles más relevancia que al dibujo, que a la semejanza. Esto último era a la inversa hasta que cambiaron mis conceptos. Además de todo esto, debo añadir que el profesor de Pintura, realmente sabía transmitir lo que sentía por la Pintura, por el afecto que sentía por el óleo y el olor a aguarrás. Ver y escuchar a alguien así, me impresionó mucho e hizo que durante la carrera me especializara en Pintura.

Así pues, desde mi experiencia, ¿Qué es la Pintura?. Como mencionaba al principio, la Pintura empieza con el acto de pintar, de utilizar colores, mezclas, texturas, veladuras, planos... con el propósito de materializar un proyecto mental en una superficie de 2 dimensiones. Es a través de estos actos, los cuales, indirectamente llevan a analizar o sintetizar el mundo que nos rodea, llevando esos elementos al lienzo. Ese análisis fue calando en mi inconsciente poco a poco, hasta que un día encontré en la realidad más cercana y mundana elementos propios de la Pintura, ver Pintura dónde realmente no la hay. Por supuesto, en mi círculo más cercano de amigos, les mencioné ese descubrimiento, me tomaron por loco. Reacción que me tomé bien, debido a que siempre muchos me han considerado como tal en muchos aspectos. Ver los distintos colores de las nubes, ver la conjunción de manchas, desconchados, repintados y suciedad de un paso de cebra viejo y ver que son auténticas piezas de Arte mientras el resto del mundo ni siquiera lo ve, es para mí, un descubrimiento, mi visión.

Volviendo al tema principal de este capítulo, ¿Qué es la Pintura? La Pintura es un lenguaje, un diálogo con nuestro yo verdadero, una manifestación de éste si lo prefieren así, que otra gente puede entender o interpretar, ya que un ejercicio plástico puede tener tantas visiones como gente lo vea. Además, a parte del mundo real, el pintor puede generar otro mundo partiendo de éste y ver recursos pictóricos en la realidad (una ambigüedad cuyo horizonte a veces resulta difícil de marcar). En resumidas cuentas, esta es la definición de Pintura que puedo contar. Puede que no figure en ningún diccionario pero este significado sirve para encontrarle un significado válido y que se acopla a la propia vivencia particular de la Pintura y a la cual cada pintor puede aportar su perspectiva, convirtiéndose involuntariamente este capítulo en una pequeña reseña autobiográfica.

2-¿PARA QUÉ SIRVE LA PINTURA?

Desde el momento que planteé esa cuestión a día de hoy no he encontrado una respuesta contundente que me confirme rotundamente para que sirve exactamente la Pintura, o el Arte en sí mismo. Siendo prácticos y poniéndonos en la mente de un ingeniero por ejemplo, el Arte, y en su defecto la Pintura, no tiene ninguna utilidad, no es práctico, no sirve para nada. Mi respuesta a la pregunta que formulo, es: el Arte (incluyendo por supuesto la Pintura) no sirve para nada y a la vez sirve para mucho. ¿Cómo es posible entonces esta paradoja?.

A la pregunta que encabeza este apartado, como decía no he encontrado una respuesta clara y concisa, pero pese a ello puedo presentar algunas conclusiones que, quizá puedan arrojar algo de luz y ayuden a otros a conformar una respuesta a la que supongo todos los pintores se han planteado alguna vez a lo largo de su trayectoria.

La primera conclusión a la cual me ha llevado esta cuestión que estamos tratando en este capítulo, es que la Pintura es una de las prácticas más antiguas del mundo, mucho más que la escritura, y que por tanto, se convierte automáticamente en un depósito de conocimiento, en un depósito mágico, espiritual, religioso, histórico…en el cual a través de estas representaciones pictóricas, el ser humano ha ido narrando su propia historia. Incluso el Arte Contemporáneo que se está haciendo actualmente, dentro de 100 años formara parte de la Historia más reciente. Se podría profundizar en los términos que se han mencionado antes, explicándolos punto por punto, pero este no es el caso, ni tampoco es necesario, ya que creo que queda implícito los usos que tiene la Pintura en éstos. Siendo esto así, la sociedad actual parece haber olvidado la calidad imperecedera de la Pintura, y que hasta bien entrado el siglo XX todavía, el género del retrato era la herramienta predilecta para captar la sociedad del momento. Hoy en día, parece ser que la tecnología informática ha sublevado la Pintura en su aspecto de «fotoperiodismo», de recurso histórico, a unos pocos bytes, en los cuales la mayoría de nosotros hemos confiado nuestras imágenes entre otros documentos y alguna vez que otra, esta tecnología de la que tanto bebemos, ha fallado catastróficamente borrando parte de nuestra historia individual. Estoy seguro de que a todos nos ha ocurrido.

Dentro de ese depósito histórico donde se ha incluido el reflejo de la sociedad contemporánea o pasada, la Pintura ha servido de elemento para ensalzar, criticar o burlarse descaradamente de la misma sociedad que la sustenta. Podemos encontrar cuadros solemnes con carácter imponente con rostros de la alta sociedad del momento, procurando exaltar esa exuberancia y soberbia a encontrarnos una Pintura diametralmente opuesta, una Pintura que se podría catalogar como: social, crítica, irónica, absurda, nihilista, irónica.

Otra «utilidad» (palabra que no me gusta usar, ya que me parece que ubicamos la Pintura dentro de las ciencias, donde todo debe tener una utilidad y un significado llano) es el carácter terapéutico que posee la Pintura, ya que según psicólogos, relaja a los pacientes. En este punto debo añadir desde mi punto de vista, un duelo interior a favor y en contra. Estoy de acuerdo que la Pintura puede servir como herramienta relajante, pero todo pintor sabrá lo frustrante e hiriente que puede llegar a ser, y por tanto producir un efecto contrario del que se esperaba.

Estas características que poseen la Pintura y el Arte en general han sido hasta ahora de carácter generalista, pero también hay un apartado individualista, donde el Yo de cada uno se manifiesta y materializa, de además necesitar hacerlo imperiosamente.

Muchas veces se ha hablado del ego del pintor, de un ego estereotipadamente soberbio e insoportable, pero es ese Yo interno, el que nos pide pintar, el que nos mueve a hacer ese acto, intuyendo que es la forma que tiene para alimentarse y reafirmarse en sí mismo. La pregunta a este párrafo sería: ¿Para qué pintamos? A nivel particular, la experiencia me dicta a decir que uno pinta por diversos motivos que puede cambiar según la situación. Bien puede ser por que nos produce placer hacer gestos suaves con el pincel mojado de óleo por la tela, también puede ser que pintemos con rabia, con enfado, dejando marcas espontáneas y enérgicas o bien por que algo en el mundo que nos rodea no nos parece bien y hay que manifestar el descontento y oposición a ello ejerciendo la labor que mejor se nos da. Individualmente, estos son los motivos que llevan a pintar y a seguir pintando después de muchas crisis artísticas que me han llevado al borde de dejar los pinceles, pero no sé bien por qué he seguido pintando pudiendo haber tomado el camino más fácil y sencillo. Puede que los motivos antes descritos no sean los más acertados ni los más correctos, pero son los míos, y desde luego me sirven. Es posible, que otros pintores, estén en oposición a este razonamiento ya que para ellos y su Yo conciben la Pintura de otro modo tan válido como el que aquí he presentado.

Debo añadir finalmente en este capítulo la última de las opciones que considero que *sirve* la Pintura, y es el negocio. Con negocio me estoy refiriendo desde la invención impresionista de envasar la Pintura en tubos de aluminio hasta la compraventa de obras de Arte y las subastas. La Pintura es un motor económico. Desde que compramos un tubo de Pintura, empiezan toda una serie de transacciones, haciendo que ganen dinero el dependiente, el fabricante y los transportistas. Una vez que utilizamos dicho tubo en diversos lienzos, luego esos lienzos se expondrán con carácter comercial, ganando suficiente dinero como para amortizar la compra de dicho tubo, comprar otro y un beneficio para el pintor por el trabajo realizado. Si hay un marchante o galerista de por medio, éste también deberá llevarse un porcentaje monetario. A veces, (y por la experiencia y conversaciones con otros pintores más experimentados) se utiliza una economía más primitiva, una economía casi olvidada, el trueque. Es decir, si nos interesa en concreto una sala de exposiciones con cierto nombre y reputación, muchas veces, el gerente de ese espacio nos «sugerirá» que si queremos exponer allí, a cambio de dicha exposición, se quedará con una pieza. También nosotros podemos hacer dichos trueques. En toda inauguración que se precie, debe haber dos cosas: bebida y comida. Podemos llegar a hacer un trueque con bodegas y pequeñas fábricas para conseguir dichos objetivos. Más adelante se explicara los puntos a seguir.

3-¿PINTOR O ARTISTA?

Algunos años atrás, mucho antes de empezar en la facultad, a través de documentales y entrevistas de pintores emitidas en televisión, empecé a plantearme cual era la diferencia entre pintor y artista. Esa pregunta llevaba a formular otras preguntas como: ¿Qué es un artista?, ¿Por qué hay tantos artistas?, ¿Realmente todos los que dicen ser artistas, son realmente artistas?, ¿Una folclórica está al mismo nivel que Goya, por ejemplo? ¿Cuál es el significado actual de artista? ¿Pintor o artista?.

Haciendo una mirada rápida en un diccionario genérico, buscando la palabra *artista*, he podido encontrar diversas definiciones. Las que presento en el siguiente listado son las mejores que he podido recopilar:

1- Persona que trabaja una o varias de las Bellas Artes
2- Persona que actúa en un espectáculo
3- Dotado para las Artes

Estas definiciones, según mi criterio resultan escuetas y genéricas, además de no decir nada ni responder a las preguntas planteadas. Estas definiciones en absoluto se acercan a las respuestas que estaba buscando. Puede que para personas ajenas al Arte, esas definiciones sean más que suficientes, pero espero, además de mí, que un gran número de pintores hayan encontrado una respuesta y definición más ajustada a su *modus vivendi*.

De todas esas preguntas anteriormente planteadas, tiempo después obtuve algunas respuestas en ciertos capítulos del libro *Tres miradas sobre el Arte*, de Rafael Argullol. Respondió a la pregunta ¿Qué es un artista? Mostrando el surgimiento y evolución de la gente que se dedicaba a lo que hoy denominamos Arte. La evolución de Artesano a artista. De hecho, los primeros artistas (no Artesanos) surgen en el Renacimiento, dónde sólo eran artistas los pintores y escultores. Se había creado un nuevo estatus, un nuevo oficio que implicaba muchos conocimientos y de variada índole, como pudieran ser la anatomía, las matemáticas o la literatura, por ejemplo. Esa es para mí la auténtica y única definición de artista. La categoría de artista permaneció fuerte y casi inaccesible para la gran mayoría, incluso ya en el siglo XVIII en la configuración de las Academias, no todos sus alumnos llegaban a ser artistas, por que el nivel y las máximas establecidas eran excesivamente altas.

Pasados esos siglos de auge y consolidación del artista y con la caída del academicismo, llevando con ello la deriva de la palabra *artista* y con ella su significado haya estado decayendo tanto, convirtiéndose en un cajón desastre donde todo tipo de persona con o sin formación en las Bellas Artes puede considerarse artista sin serlo, respondiendo, de esta forma a las preguntas, ¿Realmente todos los que dicen ser artistas, son artistas? ¿Una folclórica está al mismo nivel que Goya?. Con la degeneración de la palabra, su significado original para mí ha sido desacreditado, siendo su significado actual una amalgama de cosas que nada tienen que ver con las Artes plásticas como ocurría en su origen.

De este modo, mediante la formulación de estas preguntas se ha llegado a la cuestión final con su respuesta concluyente: ¿Pintor o artista?. Normalmente con el vocablo *pintor*, de forma genérica se suele asociar a la persona que tiene como oficio pintar paredes, techos o fachadas y *artista* se ha convertido en un vulgarismo donde todo cabe, incluso las folclóricas o decrépitas gogós de discoteca. Por qué no.

En consecuencia, con este razonamiento, la conclusión es que, el nombre del oficio que desarrollo es pintor, no artista. Supongo que entre el gremio habrá disputa por que a algunos les gusta más ser artistas que pintores.

4-¿ES RENTABLE SER PINTOR?

Estoy seguro que muchas veces la osadía de la gente ignorante a llevado a preguntar que estudiáis o a que os dedicáis, y en respuesta habéis contestado Bellas Artes o pintor. Muy posiblemente al escuchar una de las dos respuestas esa persona que os halla preguntado habrá hecho un bufido de menosprecio e infravaloración, añadiendo además la siguiente pregunta: ¿Pero eso da dinero? Personalmente cuando me encuentro con ese tipo de gente soy yo quien hace un bufido intentando explicar como funciona el ámbito pictórico en palabras que entienda el mendrugo con el que tengo una conversación. Quizás esta pregunta es una de las cuestiones que más detesto que me hagan, como si los ingenieros o arquitectos encontraran trabajo nada más finalizar la carrera o cobraran unos sueldos desorbitados. Probablemente, esa pregunta forme parte del imaginario estereotipado del pintor, el cual es francamente detestable.

A parte de esa pregunta insultante que nos formula gente ajena al ámbito artístico, todo pintor, en sus años de formación o en sus inicios haciendo exposiciones, se habrá planteado vivir de aquello que hace, y si realmente vale la pena, más que el dinero, el esfuerzo. Cuando vemos una exposición en determinado lugar, sólo el pintor sabe todos los oficios que ha tenido que desempeñar para mostrar su obra en condiciones. Evidentemente si en una exposición se venden gran parte de los cuadros, será un incentivo para generar una nueva exposición. Pero, sobretodo en los inicios, vender es una tarea titánica, básicamente por que el nuevo pintor que se acaba de incorporar al mercado tiene que abrirse paso y hacerse destacar. Todo eso conlleva un tiempo.

Para aprovechar ese tiempo, muy posiblemente el pintor tendrá que realizar un trabajo complementario que le aporte unos beneficios económicos mensuales de forma regular. Sería muy grato encontrar un trabajo vinculado con las Artes, bien como guía Cultural, en una fábrica o tienda de Bellas Artes, diseñador gráfico o la animación, por ejemplo. Aunque no siempre los trabajos que puedan surgir a un pintor estarán vinculados, pero su bonificación monetaria hará que pueda continuar haciendo exposiciones e ir ganando terreno en el mercado del Arte. Con el tiempo y la constancia, se va haciendo factible la posibilidad de vivir de la Pintura. Parece que todo esto sea un futuro a medio y largo plazo. A corto plazo podremos hacer un inventario de aquello que hace falta para ir generando piezas a un coste bajo, bien disminuyendo el tamaño o el tipo de Pintura.

En un nivel puramente pictórico siempre hay que tener en cuenta cuanto cuesta hacer un cuadro, teniendo en cuenta el coste de los materiales, el tiempo empleado en la preparación y elaboración de la pieza. Una vez el pintor tenga un ritmo que producción más o menos regular, y un precio calculado en costes y tiempo, se puede llegar a confeccionar una tabla. Pongamos que una pieza nos cuesta en total 35€, tendremos que añadir un poco más del doble (75€) para amortizar los gastos de producción y además ganar para poder seguir produciendo nueva obra. También a este precio deberemos añadir otros gastos derivados de la exposición, como embalaje, transporte, gráfica publicitaria o aperitivo de inauguración, por ejemplo. Todo eso no tiene por que salir de nuestro bolsillo, si no de nuestro trabajo. Es decir, el coste de los elementos que utilicemos lo dividiremos por las piezas que se expondrán. Aquí se pone un ejemplo:

Costes y tiempo de producción de una pieza:	35€
35€ x número de piezas (30)	35 x 30 =1050€
Gastos varios: Embalaje, transporte, gráfica publicitaria e inauguración + el doble para siguiente exposición	50€
Multiplicar gastos x 2	50€ X 2 = 100€
Total gastos	**1150€**
A cada pieza le añadimos un poco más del doble de su coste	
(cubrir gastos + beneficios)	35+ 40= 75€
Precio de venta de cada pieza	75€
Dividir gastos varios x pieza	100€ / 30 piezas =3.34€
	75 + 3.34= 78.34€
Para redondear	80€ pieza
Total piezas a exponer: 30	30 x 80€ = 2400€
Total exposición	**2400€**
Con vender 15 piezas recuperamos la inversión inicial además de cubrir los gastos varios	15 piezas x 80€ =1200€

Puede parecer exagerado, pero en todas las industrias al por menor que pensemos, los números funcionan más o menos así. Esto es tan sólo una aproximación. Un pintor que se dedique a esto, es en teoría autónomo (una empresa) y tendría que añadir el IVA y tener en cuenta la cotización mensual en la Seguridad Social.

También cabe mencionar que vender de forma particular en exposiciones gestionadas por uno mismo será más difícil que por ejemplo exponer en una galería, lugar que ya de por sí tiene una impronta de calidad, una marca que atrae a un posible público comprador, además de tener a un experto que vive de dichas ventas.

5-EL TRABAJO DEL PINTOR

Puede parecer muy evidente que el trabajo de un pintor es pintar, pero no es solo eso. Efectivamente, la principal faceta del pintor es la de realizar cuadros. Algunos se contentan tan sólo con esa faceta, pero esa tipología de pintor es minoritaria.

Pero el acto de pintar se inicia mucho antes de empezar a manchar un lienzo. En la mayoría de casos se necesita un trabajo previo, como la realización de diversos bocetos, tomar fotografías, documentarse, proveerse de los materiales previamente, preparar los lienzos según las necesidades de la Pintura... En definitiva todo ese trabajo previo que nadie aprecia y que pasa inadvertido. En la mayoría de los casos, terminar de pintar un lienzo es la culminación de una tesis previamente pensada y cuya manifestación no son las letras sino la imagen.

El trabajo del pintor, por tanto, es divulgar y difundir esa tesis, utilizando la herramienta que son las exposiciones. Esa herramienta que son las exposiciones, es una herramienta volátil, que en ocasiones nos llevarán a muchos lugares y en otras, a ninguna parte. La gran mayoría del público no comprende esto, y creen que una exposición se hace de un día para otro. Además como ironía, en cada muestra que realice el pintor, el público ignorante quiere ver toda una nueva colección de piezas inéditas, y eso es francamente imposible. Si es un trabajo en ciernes, es posible ver alguna que otra pieza nueva, pero si es un trabajo concluido, evidentemente, no. Así pues, el trabajo del pintor es realizar exposiciones e intentar vivir de ello, ya que es su trabajo, y por tanto debe ser remunerado.

También, cabe mencionar que dentro del trabajo de pintor, se desarrollan otros, siendo este oficio una amalgama de oficios diversos. Para conseguir una exposición, sobretodo en los inicios, deberemos ser nuestro propio marchante, saber vendernos, tener la picaresca suficiente para conseguir los objetivos marcados y salir ganando. Además, en los diferentes estadios de una muestra, habrá que desarrollar distintos oficios, los cuales, ninguna facultad ni escuela enseñan, como el transporte de las obras, su respectivo embalaje, montaje, desmontaje, la puesta en escena en los distintos medios, poner al corriente al público… elementos (oficios) que, por desgracia, se van adquiriendo con la experiencia y sobretodo en la observación de otros pintores que llevan más tiempo realizando este trabajo.

Así pues, el trabajo del pintor es un aglomerado de diversos trabajos, a veces vinculados, a veces no, de los cuales, gran parte de la gente desconoce, y no valora, siendo este trabajo algo inestable, sin saber nunca que exposición será un éxito o un fracaso.

6-LA SOCIEDAD ACTUAL Y LA PINTURA

A lo largo de gran parte de la Historia de la Humanidad, el Arte ha estado vinculado a las clases más poderosas y a círculos muy poderosos como la monarquía o la religión. Fue así hasta la Revolución Industrial, donde surgió una nueva clase, la burguesía. Esta nueva clase social, con cierto poder adquisitivo compraba y encargaba cuadros, además, gastaban parte de sus ganancias en Cultura, convirtiéndose muchos de ellos en mecenas tanto para pintores como para escultores, poetas, escritores y músicos.

Hecho este breve viaje por la historia, y situados de nuevo en el siglo XXI, la Pintura, el Arte y la Cultura en general, se encuentran en un estado al que se le podría calificar de crítico. Los herederos de esa burguesía cultivada estuvieron comprando obras hasta los años 1960-1980, siendo el último *Boom* Cultural la década de los 80. Pues bien, desde entonces, la población ha sufrido un «atontamiento» global, afectando también a esa parcela de gente culta, con la consecuencia de que los descendientes de esa clase social y los nuevos ricos, prefieran comprar el último y caro aparato de *Apple*. Ese comportamiento infantil se encuentra extendido por todo el mundo occidental, convirtiéndonos en consumidores sin voluntad, incansables de *gadgets* y no de Cultura.

Este atontamiento ha llevado a que la población en general, tenga una especial admiración y veneración, no a aquellos que aportan algo a la sociedad, sino a personajes ignorantes que presumen de no haber leído un libro en su vida o pasan el día diciendo incoherencias por los distintos medios de comunicación. Es decir, en general, hemos dejado que la mediocridad se apodere prácticamente de nuestro día a día.

Una vez mostrado este escenario catastrófico en el que vivimos inmersos y en el que leer un libro o ir a ver una exposición es casi pecado y esté casi mal visto, pese a ello, no todo está perdido. Pese a los ataques continuos a la Cultura, se están creando asociaciones y nuevas estrategias para sobrevivir a estos tiempos, como la creación de colectivos artísticos.

Todavía queda gente que le interesa el Arte e intentan divulgarlo, y algunas entidades hacen grandes esfuerzos para mantener una actividad Cultural constante y que debemos estar al tanto de estas entidades y si podemos utilizarlas, beneficiarnos o formar parte de dicha entidad u organismo en beneficio nuestro y de la sociedad.

7- EL ESTUDIO

Todo pintor debe tener un espacio propio. Para la creación es necesario un espacio de enclaustramiento donde encerrarse y estar ajeno de distracciones que roben el tiempo.

En diversos libros he encontrado capítulos que hablan del estudio de una forma totalmente irreal, dedicando sendas instrucciones a la tipología de almacenaje, color de las paredes, iluminación, orientación del lugar, ventanales… Sencillamente, por los estudios que he tenido y he visto de otros pintores, no existe ninguna construcción arquitectónica específica, diseñada a propósito para los pintores. Sencilla y llanamente hay que adaptar y optimizar los espacios ya hechos a nuestros intereses y forma de pintar.

El tipo de estudio, evidentemente dependerá del poder adquisitivo de cada pintor, la que hará que ese espacio sea desde una habitación, local, piso o toda una casa. El lugar, puede ir variando con el tiempo, de más pequeño a más grande y viceversa.

La verdad es que no hacen falta grandes medios para establecer un estudio más o menos en útil y funcional, ya sea una habitación o todo un piso. Según mis criterios, siempre debe haber dos espacios bien diferenciados, un área para trabajar y un área para el almacenaje de los lienzos, en la cual, es más que suficiente con tener estanterías donde almacenar de forma correcta los cuadros que hayamos hecho y que no se estropeen. Lo más correcto es que los lienzos nunca toquen directamente el suelo, ya que la humedad y cambio de temperatura les afecta. Se trata de un material orgánico (madera y tela) sensible a estos cambios y que con el tiempo haría mella en el trabajo realizado, craquelándose y echándose a perder. También, en dichas estanterías, los cuadros no deben estar apretujados, ya que el roce de unos con otros deteriora la superficie pictórica. Otro punto que hay que mencionar, es el orden, las piezas grandes con las grandes y las pequeñas con las pequeñas, sobretodo si se trata de telas. Imaginemos que entre dos lienzos grandes hay uno pequeño. Si permanece mucho tiempo así, la tela del lienzo grande se deformaría, estropeando la superficie pictórica.

No está demás poner cantoneras a todos los cuadros que hagamos una vez finalizados ya que las esquinas suelen ser las partes que más fácilmente se deterioran. Indudablemente, la Pintura debe estar totalmente seca para hacer esto. Embalar los cuadros para un almacenaje a largo plazo no es el método más correcto, ya que según el tipo de Pintura pueden ocurrir imprevistos. La Pintura debe respirar. Si tenemos miedo de que el polvo se adhiera a los cuadros, dándoles un aspecto blancuzco, lo más sencillo es cubrirlos con una tela, protegiéndolos del polvo y además de la radiación lumínica, elemento que también acaba por atacar el color de las piezas.

Si la capacidad de almacenaje se hace corta porque con el tiempo el número de piezas ha aumentado considerablemente, muchos pintores proceden a desentelar del bastidor las telas, enrollándolos o guardándolos en una carpeta. Si nos decantáramos por enrollarlos, hay una norma general estricta, la parte pictórica hacia fuera. Siempre, sin excepción.

Si el soporte de la obra es de papel, lo más recomendable es guardar dichas piezas en carpetas colocando entre cada pieza algún tipo de papel, a ser posible sin cloro. Si se trata por ejemplo de dibujos al carbón o pasteles, además, pulverizaremos una capa de fijador en la superficie pictórica para conservarlo mejor.

Dejando a un lado las características para guardar y conservar cuadros de una forma óptima, retomamos el estudio, y en lo que se podría decir características para ubicar un espacio como estudio:

1- Debe tener luz. Natural o artificial, es indiferente.

2- Debe estar o poder ventilarse con facilidad. Aspecto muy importante si en el trabajo pictórico se utilizan disolventes o diluyentes.

3- Debe tener las herramientas y útiles que realmente utilicemos. Muy importante si el espacio del que disponemos es pequeño.

4- Capacidad de aislamiento. Con esto me refiero a que una vez que nos encerremos en el estudio, nada ni nadie nos moleste. Por tanto soy totalmente contrario a que en el estudio haya un ordenador con conexión a Internet o una televisión, ya que son elementos que poseen un gran poder de distracción, y nos persuadiría de la obligación de pintar. Sí es recomendable tener a mano libros y catálogos para realizar consultas o documentarnos en el acto.

8-EL DOSSIER

El dossier es quizá la herramienta clave e indispensable para conseguir una exposición en prácticamente cualquier lugar. En este apartado, pues, se tratará de definir qué es un dossier y que partes lo componen.

En el terreno del Arte, un dossier es un documento de carácter informativo que sirve para presentar la obra de un pintor de cara a conseguir una exposición o posible proyecto expositivo futuro. Dicho documento puede ser físico (en papel) o bien digital (preferiblemente un archivo PDF).

Al final de este capítulo se muestra un esquema más completo, además de mostrar otros ítems a los cuales no se les ha hecho un especial hincapié. Principalmente un dossier está formado por tres partes:

1-Presentación del proyecto
2-Obras a exponer
3-Currículum

El primer punto se centra en la explicación y definición de nuestro proyecto expositivo, donde deberemos contar el por qué de nuestro proyecto y que pretendemos conseguir con ello. También como información adicional podemos añadir una pequeña reseña sobre el proceso artístico que utilizamos para hacer las piezas: acrílico, óleo, técnica mixta, acuarela… que pintores hemos tomado como referencia, que conceptos manejamos en la proyección de esta pequeña tesis… Toda una serie de puntos necesarios para que nuestra propuesta sea coherente y aceptada por el lugar al cual se ha entregado dicho documento.

El segundo apartado es muy sencillo, tan sólo hay que añadir imágenes de la obra que hemos o estamos desarrollando. No hace falta tener todos los cuadros terminados para presentar un dossier, es tan sólo un ejemplo, una muestra de lo que hacemos, al cual sino tenemos el proyecto acabado antes de presentar dicho documento podemos añadir a éste bocetos como material adicional. Lo importante es reflejar en la parte teórica del dossier cual será el número definitivo de piezas a exponer y su tamaño, al menos una aproximación.

El último punto, el currículum, se compone de diversos ítems, de los cuales, considero tres de vital importancia: la formación académica en lo que se refiere al Arte, exposiciones que hayamos hecho o participado y referencias de prensa. Se pueden incrementar más puntos, pero en un principio, estos tres son más que suficientes.

En el currículum el primer punto siempre debe ser la formación académica que hayamos recibido en torno al Arte, seamos licenciados, diplomados, doctores… Si tenemos una formación complementaria mediante cursos y seminarios acerca del Arte, también habrá que añadirlo. Luego, el siguiente punto debe ser la actividad expositiva que hayamos desarrollado previamente antes de presentar el dossier en el lugar que pretendemos exponer, tanto de forma individual como de forma colectiva o conjunta. El último punto de este apartado del currículum, la divulgación o referencias de prensa, desde mi perspectiva, es junto con el apartado de exposiciones, los dos elementos que nos confieren una seriedad y lucha contínua por querer hacernos un hueco como pintores reputados. En este último apartado, deberemos añadir todas las referencias de prensa que poseamos, tanto si es un artículo del que sólo hablan de nosotros como una pequeña línea. En este apartado de prensa también hay que incluir apariciones tanto en radio como en televisión. Si procede, claro.

Una vez tenemos toda esta información recopilada, podemos pasar entonces a diseñar el dossier. Para este proceso se pueden utilizar muchas aplicaciones informáticas existentes que la gran mayoría conocemos o podemos utilizar para tal fin.

El diseño debe ser sencillo, pero no por ello, pobre o ridículo. Debe ser sencillo pero llamativo, *minimal*, con los elementos necesarios e imprescindibles, sin florituras ni adornos anecdóticos. También, la tipología de letra es muy importante, no hay que caer en las típicas *arial, comic sans* o *times new roman*. Existen un sin fin de tipos de letras que conferirán un aspecto más serio y riguroso sin caer en los estándares que rozan casi lo vulgar. Y con un dossier pretendemos ser de todo menos vulgares.

Diseñar un dossier, es casi como diseñar un catálogo de obra. Diseño del cual, puede servir de preámbulo para luego tener unas referencias de cómo montar un catálogo.

Una vez que tenemos el diseño terminado y revisado, los siguientes pasos son convertirlo en un archivo PDF, el cual podemos enviar directamente por mail al lugar que nos interesa o bien, llevarlo a imprenta para poder convertirlo en formato papel. Lo recomendable de ambas opciones es el soporte físico, pese a vivir casi en una era plenamente digital, el papel sigue imperando mucho, y no necesita ningún medio para ser reproducido, se puede ver y leer en el acto. Además, ciertos lugares sólo admiten esta tipología de dossier.

Un dossier en papel es quizás la opción más cara, cosa que deberemos tener en cuenta cuando esté en proceso de diseño. Otra opción más económica es grabar el PDF en un CD, en cuya superficie se pueda imprimir o añadir un papel adhesivo. Esta tipología de dossier la suelen agradecer mucho los galeristas, ya que así no acaban acumulando montañas de dossiers.

ESTRUCTURA DEL DOSSIER

PRESENTACIÓN (EXPOSICIÓN DEL PROYECTO)
Introducción
Referentes
Modo de trabajo (opcional)
Proyecto expositivo (incluir en él, las fechas más adecuadas)
Distribución y montaje de las obras

OBRA A EXPONER

CURRÍCULUM (ORDENADO CRONOLÓGICAMENTE)
Modos de contacto
Formación académica
Formación complementaria
Exposiciones individuales (fecha, título, lugar y ciudad)
Exposiciones colectivas (fecha, título, lugar y ciudad)
Becas y premios
Publicaciones (catálogos, libros)
Divulgación (prensa, radio, televisión)
Obra en colecciones (opcional)

9-LA GALERÍA ¿ÚNICO RECURSO?

¿Es quizás la galería el único recurso para hacer una exposición en condiciones? La respuesta es rotundamente, no. Acceder a celebrar una exposición en una galería requiere, normalmente de mucha experiencia, debido a que se trata de una empresa privada y particular que tiene que ganar beneficios con el producto que cuelga en sus paredes. Según las premisas antes mencionadas, los pintores que suelen exponer en dichos lugares suelen ser profesionales muy experimentados y por tanto, rentables para el galerista.

Además de este lugar, existen otros donde celebrar muestras e ir adquiriendo experiencia y el bagaje que necesita nuestro currículum. Cada exposición es una experiencia donde debemos corregir aquellos fallos u omisiones que hemos cometido anteriormente de cara a la siguiente muestra. No hay peor crítico que el propio pintor.

Volviendo al tema que nos atañe, efectivamente existen otros espacios a los que podemos acceder, como por ejemplo: bares, restaurantes, centros de juventud, centros Culturales, casas de Cultura, bibliotecas, colegios oficiales, centros universitarios, grandes empresas, ateneos, círculos industriales, teatros, hoteles...

Por experiencias pasadas, cada de estos lugares posee un grado distinto, unos con más *categoría* o *caché* y otros con menos.

Ciertamente, como en todo, habrá sus excepciones. El gráfico que aquí presento, es una guía que confeccioné, y que me ha ayudado para crecer como pintor, además de percatarme de las diferencias en ciertos aspectos de celebrar la misma exposición en diferentes emplazamientos de esta tabla.

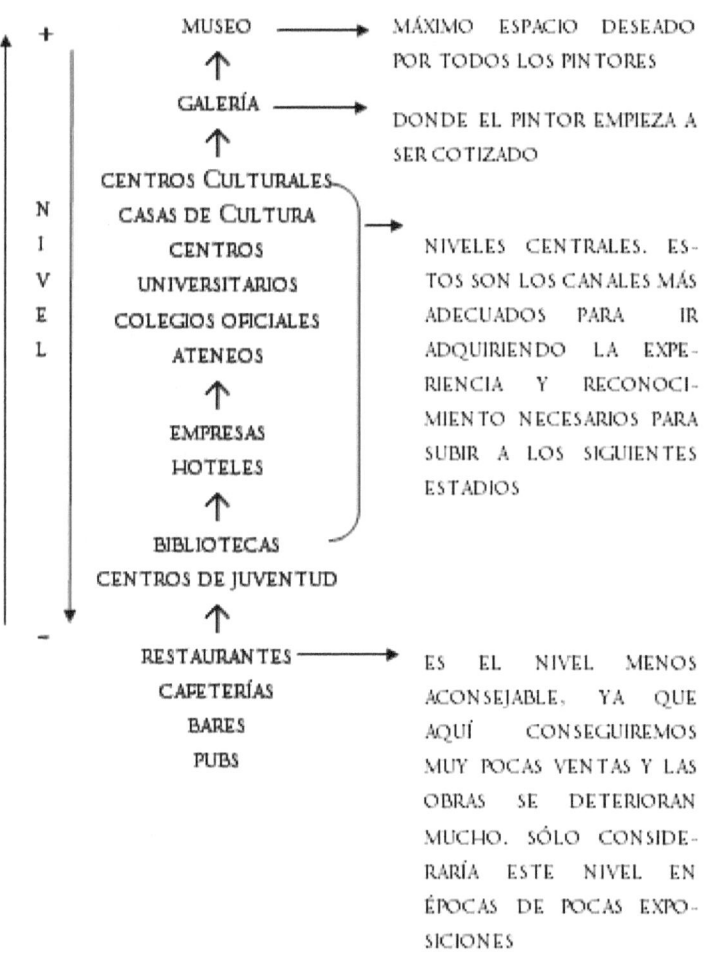

Una vez presentados algunos de los posibles lugares y su ubicación en la gráfica, el siguiente paso obvio es explicar el motivo de su posición. Muy posiblemente, la gran mayoría de los pintores que actualmente se dedican de forma profesional al Arte habrán empezado con casi total convicción haciendo exposiciones en locales de restauración. Y es que, como en todo, siempre se empieza por el nivel más bajo.

Exponer en un bar, restaurante, cafetería o pub es quizás, el modo más fácil de conseguir una exposición, ya que, en la mayoría de dichos locales, los propietarios no suelen tener ninguna noción de Pintura, y por tanto, prácticamente cualquier individuo puede hacer una exposición. Se trata, por tanto, de un nivel muy genérico, donde todo cabe. En esta categoría encontraremos desde pintores en sus inicios a aficionados que quieren colgar sus trabajos. Sin embargo, en ciudades grandes, podremos encontrar locales de restauración, que sí dediquen un especial interés en realizar exposiciones con un cierto nivel (la excepción). Estar en este nivel, el más bajo de la gráfica, conlleva que pese a intentar publicitar la exposición de forma rigurosa, los medios y el público, no se tomaran en serio nuestro trabajo, principalmente por el contenedor al que hemos optado. Otro de los motivos que llevan a rechazar a priori estos locales, es que difícilmente estará equipado con los elementos imprescindibles para hacer destacar los cuadros. Al mismo tiempo, cabe decir que esas piezas estarán al alcance de un público descuidado que las toque, ensucie y, por tanto, acabe deteriorando el trabajo que tanto ha costado producir, además de adquirir olores de distinta índole, y que siendo realistas, un público sensible a la Pintura no visitará a uno de estos locales para adquirir piezas. Por norma general, la gente no acude a los bares para culturizarse, y aún menos con la intención de ver o mirar cuadros.

Este recurso, a nivel particular, y por experiencia, lo utilizaría como recurso de emergencia, es decir, recurrir a él cuando el resto de sitios solicitados fallen catastróficamente o bien utilizarlos en períodos de poco movimiento expositivo. Es preferible mover los cuadros, que mantenerlos almacenados durante un período indefinido. Para finalizar el apartado de locales de restauración, hay que añadir, que es muy pobre ver en un currículum que todas o la gran mayoría de exposiciones han sido celebradas en bares. A la larga, eso cierra muchas puertas.

Una vez pasado este nivel inicial, en los niveles centrales de la gráfica, en los espacios donde empezar a labrar una carrera rigurosa, la herramienta imprescindible para acceder a éstos es el dossier. En ocasiones podremos presentar el dossier en distintos formatos, básicamente en papel, CD o a través de un correo electrónico. En la mayoría de ocasiones, estos lugares disponen de instancias o formularios estándar para el uso de su sala de exposiciones, con la cual adjuntaremos el citado dossier. Como es normal, no en todos los lugares aceptarán el proyecto expositivo, pero eso es el pan de cada día. Una vez que uno de estos espacios acepte la propuesta, casi de manera automática, nos propulsaremos a otro de esos sitios. Una exposición lleva a otra.

Así pues, empecemos a desglosar las partes que están en el cuerpo central del gráfico. Se puede meter dentro en una misma esfera distintos lugares. Dentro de dicha esfera, se pueden ubicar los espacios de ámbito municipal (centros de juventud, bibliotecas, casas de Cultura, centros Culturales). ¿Por qué estos lugares pese a estar en el ámbito municipal, están ubicados en diferentes puntos de la gráfica? Pensemos un poco. No es lo mismo exponer en un centro de juventud, destinado a un público muy concreto que en una casa de Cultura destinada a un público más amplio. Se puede empezar exponiendo en un centro de juventud y luego ascender a una muestra en una casa de Cultura. De hecho, podemos movernos en los niveles centrales, subiendo o bajando, y dependiendo de éstos, se consiguen más o menos muestras relevantes. Claro está que no todas las exposiciones van a tener el mismo impacto mediático. Eso dependerá principalmente del lugar y la imagen que haya proyectado antes de llegar nosotros.

En el área de los centros Culturales, encontraremos una gran mayoría que pertenecen al ámbito público municipal, pero existen otro tipo de centros Culturales que pertenecen al sector privado. Aunque su número es sustancialmente menor, también hay que tenerlos en cuenta.

Otros espacios que también juegan con esta dualidad entre lo público y lo privado, son los centros universitarios. En muchas escuelas, facultades o campus suelen disponer de algún espacio expositivo. Un dato que cabe destacar sobre estos sitios: los entes privados de esta índole suelen cobrar un alquiler por usar sus espacios. Y siendo realistas, teniendo espacios gratis, ¿Quien va a pagar?. Además, según mi criterio, sobretodo, en los inicios de un pintor, nunca se debe decantar por abonar dinero para conseguir espacios, ya que donde entra el dinero, sale la capacidad analítica, donde todo cabe y es bueno.

Una vez explicados los espacios del género público, pasamos al género privado. Algunas empresas con cierto poder, destinan partidas económicas a actividades Culturales. Dichas empresas pueden ser cajas de ahorros, que dentro del área de la obra social, realizan exposiciones, por ejemplo. Acceder a esta tipología de entidades es complicado, ya que éstas sólo están dispuestas a patrocinar pintores de un determinado nivel, y siendo un pintor novel, el camino está más que bloqueado. Al menos por el momento. Hay que buscar otra tipología de empresa grande y con sensibilidad para las exposiciones. En particular, por experiencias previas, pude acceder a una empresa de seguros que poseía un espacio expositivo y realizar una muestra que tuvo bastante relevancia mediática, conllevando con eso, una asistencia contínua de público durante la duración de dicha muestra.

Otros lugares interesantes para ir adquiriendo una reputación como pintor, son los colegios oficiales. Prácticamente, por no decir todos los estudios universitarios poseen un colegio oficial. Alguno de estos lugares suelen tener un espacio expositivo al que suelen dar un uso bastante continuado. El funcionamiento suele ser el mismo que en el resto de lugares, una solicitud a la que añadiremos un dossier con la obra que queremos exponer. Otro espacio al que podemos acudir son los ateneos o círculos industriales.

Además, de todos estos lugares ya mencionados, existen otros lugares que suelen abundar en las zonas costeras y que también está incluido en el gráfico. Éstos son los hoteles. Éstos, muy pocos de ellos suelen destinar un espacio a las exposiciones, pero también hay que tenerlos en cuenta. Personalmente, no es una tipología especialmente codiciada por mí, por eso se encuentra en un nivel bastante bajo en el gráfico.

Así pues, una vez que se vayan acumulando exposiciones en estos espacios, las posibilidades de realizar una muestra en una galería se irán incrementando. Particularmente, pienso que para poder acceder sin muchas trabas a una galería, es necesario una media de 15 años de experiencia a nuestras espaldas. Siempre hay excepciones, pero éstas son contadas. También cabe mencionar que hay diferentes tipos de galerías. Habrá lugares, que en su nombre adjunten el término galería, como galería-café, o tiendas de marcos o cuadros comerciales que también utilicen este recurso. Hay que tener mucho cuidado con estos sitios.

Superado este punto de pseudo-galerías, podemos encontrar dos tipos de galerías que sí se dediquen única y exclusivamente a la venta de obra de pintores profesionales. Por una parte existen las galerías moralmente decentes que fundamentan sus ingresos en el número de ventas por exposición, sin que le cueste un céntimo exponer al pintor. Normalmente este tipo de galería suele quedarse entre el 50-60% del coste de la obra. Puede parecer un coste alto, pero si lo miramos bien, tampoco nos cuesta nada exponer en un lugar de estas características. Además, el galerista se hace cargo de los gastos de impresión de las invitaciones, gastos de la inauguración, ponerse en contacto con la prensa, críticos, clientes…

El otro tipo de galería, la que considero sencilla y llanamente un atraco, es la galería que alquila sus paredes por metro lineal, y que además, de cada venta que se efectúa, se queda entre el 30-40% del precio de la obra. Para mí, estas galerías quedan desechadas automáticamente por los mismos motivos que antes he mencionado: donde entra el dinero, sale la calidad, ya que cualquiera que pague, siendo bueno o no, teniendo experiencia o no, puede llegar a exponer en una galería.

Con los años y con una trayectoria muy larga y mediante las galerías, cajas de ahorros, fundaciones (otra tipología de lugares que tan sólo trabajan con artistas de élite) y otros lugares de semejantes categorías, es posible entonces que se nos abran las puertas del museo, el máximo exponente y deseo de cualquier pintor, al menos desde mi postura.

10-LOS CONCURSOS

Este aspecto que se desarrolla en el Arte, para mí desarrolla mucha polémica, ya que de por si el Arte es subjetivo, un concurso aún lo es más.

Siguiendo esta premisa, en todas las muestras que se han organizado en torno a un concurso, bienal, certamen, premio de Pintura... mis criterios siempre han sido diferentes a los del jurado, ya que el fallo de los premios siempre, la elección de ganadores, siempre en mi opinión, ha sido errónea. En la gran mayoría de casos, las piezas sólo seleccionadas, merecían un premio y no las premiadas. Pero como ya se ha mencionado en el inicio de este capítulo, si el Arte es subjetivo, los concursos lo son aún más.

Existen dos tipologías de concursos, el concurso que convoca una entidad propiamente artística, con un jurado experto en la materia, como profesores de facultad, pintores profesionales, críticos... y cuyos nombres suelen aparecer en el díptico o tríptico de inscripción. La otra clase de concurso, es aquel que convoca por ejemplo un organismo ajeno al ámbito del Arte, como por ejemplo un ayuntamiento de una localidad reducida. Este tipo de concursos, por experiencia, suele tener varias vertientes. Por una parte, el jurado lo suelen componer el Alcalde, el concejal de Cultura y un tercero para que así no se produzcan empates en la elección. Es decir, tres personas que no tienen formación alguna en el ámbito artístico. Además, en este tipo de concursos se suele jugar sucio, destinando el premio al «amigo» pintor del concejal o alcalde o bien, en otros concursos, el premio misteriosamente casi siempre se lo suele llevar una persona que forma parte de alguna entidad local.

En los concursos del primer tipo, en ocasiones suele haber también este tipo de actividades poco morales, en los cuales el jurado es poco objetivo y conoce de antemano alguna pieza de algún pintor amigo suyo. Por suerte, estas actividades poco éticas en ciertos concursos ya aparece en sus bases, con apartados en los que se menciona que no aceptará ninguna obra cuyo pintor sea familia o tenga alguna vinculación con el jurado. Cuando aparecen este tipo de normas en los concursos es por que ya ha habido anteriormente casos de favoritismos.

Otra cosa que está sucediendo en la mayoría de las convocatorias, es que cada vez bajan más y más la edad límite del pintor. Pues bien, si antes un premio de Pintura, el máximo de edad eran 30 años, ahora son 25, y si era hasta los 40, ahora es hasta los 30. Además, de rebajar la edad, el jurado espera que las personas que se presentan tengan una carrera de fondo, habiendo hecho exposiciones individuales, haber expuesto en el extranjero, haber ganado otros premios, haber estado becados, haber publicado un libro… Es decir, un currículum de un pintor consagrado en una persona joven. Sencillamente contradictorio.

Lo mismo ocurre en las becas/concurso. A parte de exponer la tesis sobre el proyecto en numerosas páginas y por bueno que sea el trabajo y bien fundamentado esté, se rigen mayormente por estas mismas máximas paradójicas, las cuales, por lo que he observado en algunas convocatorias, la dotación económica no ha ido a parar a ningún sitio de tanta exigencia que pedían.

Soy conocedor de que ganar concursos y becas es un apartado muy importante en el currículum del pintor. De hecho, en ciertos currículums, podemos ver que ciertos individuos prácticamente han fundamentado su carrera en conseguir becas y patrocinios. Es una estrategia a seguir, pero no me parece la más correcta, ya que siempre hay que ajustarse a unos cánones y por tanto el pintor se convierte en un autómata casi sin libertad creativa. Una estrategia para participar en todos los concursos posibles es hacer una búsqueda y elaborar un calendario, creando obras a propósito de cada certamen.

CALENDARIO DE BECAS Y PREMIOS*
*El período aproximado de presentación varía según los años

ENERO

Biennal d'Art Contemporani Català
Certamen nacional de Pintura Parlamento de La Rioja
Concurso nuevos creadores (Benidorm, C.Valenciana)

FEBRERO

Premio Font d'Art d'Ontinyent (Comunidad Valenciana)
Bienal de Artes plásticas Unicaja

MARZO

Festival Incubarte (Valencia)
Premio Font d'Art d'Ontinyent (Comunidad Valenciana)
Bienal de Artes plásticas Unicaja
Premio Universidad Miguel Hernández (C. Valenciana)
Convocatoria Artes plásticas y fotografía Diputación de Alicante
Certamen de minicuadros (Elda, Comunidad Valenciana)
Premio Nacional de Pintura de Castellón

ABRIL

Festival Incubarte (Valencia)
Certamen de Pintura Salvador Soria (Benissa, C. Valenciana)
Certamen Nacional de Pintura Miradas (Alicante)
Premio de Pintura Academia de San Carlos (Valencia)
Premi Internacional de Pintura Miquel Viladrich (Torrelameu, Catalunya)

MAYO

Biennal d'Art Ciutat d'Amposta (Catalunya)
Certamen de Artes plásticas Diputación de Ourense

Premios Bancaja (Valencia)
Concurs Vicente Hernández de Pintura (Valencia)

JUNIO

Biennal d'Art Ciutat d'Amposta (Catalunya)
Premio de Pintura Universidad de Murcia
Premio de Pintura Fundación Mainel (Valencia)

JULIO

Bienal de arte de Pamplona

AGOSTO

Bienal de arte de Pamplona

SEPTIEMBRE

Biennal de Manises (Comunidad Valenciana)
Biennal de Benetússer (Comunidad Valenciana)
Biennal de Paterna (Comunidad Valenciana)
Concurso de Pintura al aire libre de Jijona (C. Valenciana)
Concurs nacional de pintura "el piló" (Burjassot, C. Valenciana)

OCTUBRE

Biennal de Paterna (Comunidad Valenciana)
Biennal de Manises (Comunidad Valenciana)
Biennal de Pintura d'Algemesí (Comunidad Valenciana)
Premi Senyera (Valencia)

NOVIEMBRE

BCN producció (Catalunya)
Biennal de Pintura d'Algemesí (Comunidad Valenciana)
Beca de Artes plásticas CAM (Alicante)

DICIEMBRE

BCN producció (Catalunya)
Beca de Artes plásticas CAM (Alicante)

I I-ESTRATEGIAS PARA EL PINTOR

Llegar a poder vivir de la Pintura es ciertamente difícil pero no imposible. Para ello, el pintor debe ser muy «avispado» y además de desarrollar buenas piezas debe saber utilizar los recursos adecuados para poder sacar el máximo partido a cada exposición e ir adquiriendo la experiencia y el nivel para así a medio y largo plazo poder llegar a vivir de las ventas de la propia obra.

Así pues, las siguientes líneas se tratan algunos puntos a tener en cuenta para ir moviendo la obra que cada pintor produce, seguir unas estrategias para ir gestionando el trabajo. Ser más o menos un «empresario».

En los inicios será complicado adquirir un movimiento expositivo más o menos constante, pero es cuestión de tiempo. Las estrategias son estas:

1-Hacer un estudio de la localidad donde queremos exponer. Pongamos por ejemplo que queremos hacer una exposición en la ciudad de Valencia y no conocemos nada sobre la actividad Cultural de dicho municipio. De este modo, hay que empezar a buscar inicialmente de forma muy burda y genérica la información sobre los distintos lugares que poseen una sala de exposiciones. En este punto, es preferible utilizar los medios de comunicación clásicos, es decir, conseguir la prensa y revistas locales y ver la sección de Cultura y agenda. Luego, para ampliar la búsqueda la utilización de un buscador en Internet resulta muy útil para localizar y ampliar la información.

Como es de esperar de una ciudad grande, encontraremos muchos lugares, en pueblos o ciudades más pequeñas la información, como es lógico, se reducirá.

Pero volvamos a la búsqueda en Valencia. En esta búsqueda general, habrá mucha información, la cual se deberá analizar y utilizar aquella que nos interese. Como es normal, encontraremos desde bares a galerías de Arte. Hay que ser realista y sincero con uno mismo para ver en que nivel nos encontramos y a que tipología de sala podemos acceder. Concluida esta fase y analizados los lugares, podemos hacer un par de cosas:

2A) Visitar los lugares y si al verlos nos interesan realmente, pedir información sobre que procedimiento a seguir para conseguir una exposición en dicho lugar, además de si surge la ocasión, empezar a tantear quien de las dos partes se hace cargo de ciertos aspectos de la exposición.

2B) Si no tenemos la oportunidad de visitar los lugares que nos han interesado previamente, podemos enviar un mail con un dossier de obra. Este procedimiento es igualmente válido, pero por experiencia, haciendo este procedimiento el nivel de éxito disminuye considerablemente. Siempre es mejor ir en persona.

3- Si conseguimos una o varias exposiciones, otro punto a tener en cuenta es la búsqueda de patrocinadores para abaratar ciertos aspectos de la exposición, como por ejemplo la bebida o la comida, dirigiéndonos a bodegas y empresas alimentarias ofreciéndoles añadir su logotipo a la gráfica publicitaria que vayamos a generar. No es una tarea fácil, pero si somos cuidadosos y buscamos con tiempo, muy posiblemente conseguiremos comida y bebida de forma gratuita.

4-Promoción. Para promocionar la exposición y conseguir una divulgación apropiada hay que hacer una búsqueda de los distintos medios de comunicación que existan en la localidad en la cual vayamos a exponer. Podremos encontrar prensa, prensa digital, revistas además de emisoras de radio y televisión. Cuando tenemos un listado de los distintos medios que podemos acceder, hay que encontrar las direcciones de mail que utilizaremos para poner al corriente a dichos medios sobre la actividad que vamos a desarrollar.

A parte de poner al corriente a los medios, también hay que informar a otra gente, la cual nos puede ayudar a conseguir una nueva exposición, como por ejemplo directores de centros Culturales y casas de Cultura, concejales de Cultura de las localidades vecinas, otros espacios que en un principio nos hayan rechazado, galeristas, empresas Culturales, fundaciones, Universidades, facultades, críticos... Elaborar un listado de mailing.

Otro recurso informativo que del cual no se ha hablado hasta ahora es Internet propiamente dicho. Este recurso anteriormente se ha utilizado para la búsqueda de lugares expositivos y los distintos medios de comunicación. Ahora el uso que hay que darle a Internet será meramente divulgativo, utilizando para ello, las diferentes herramientas gratuitas que nos ofrece la red.

Los elementos más habituales que se utilizan para promocionar algún acontecimiento, suelen ser el mailing (el cual deberemos ir actualizando y aumentando) y las actuales redes sociales, que todos manejamos e incluso disponemos de varios perfiles y cuentas.

El funcionamiento del mailing es bastante sencillo. Se trata de hacer un envío masivo, de un modo casi viral, a todos los contactos que tengamos en esa cuenta, informándoles de la actividad que vamos a desarrollar, adjuntando a ser posible documentación anexa como por ejemplo una invitación o una pequeña nota de prensa. Es muy recomendable, cuando vayamos a enviar un mail a un medio de comunicación, galería, centro Cultural, concejalía y demás lugares e individuos muy concretos, poner el nombre de la entidad y de la persona quien la gestiona. Puede parecer una nimiedad, pero gusta a los destinatarios, y hace ganar puntos a nuestro favor. Para amigos, familiares y demás utilizaremos una fórmula común y general.

En cuanto a las redes sociales, lo recomendable es tener un perfil profesional como pintor, donde colgar las nuevas obras, fotografías de las exposiciones, carteles… Lo más recomendable para estas páginas profesionales es tener agregados lugares y gente que les interese el Arte, y mediante esta plataforma online conseguir público, seguidores, ventas o una nueva exposición. Las redes sociales son una herramienta muy útil a medio y largo plazo.

También es muy recomendable poseer un blog y una página web, elementos de los cuales deberemos ir actualizando con cierta regularidad, además de hacernos visibles y ganar una confianza y credibilidad que si no tenemos blog y página web. En todos estos recursos que nos ofrece Internet, hay que tener una actitud viral, hacernos ver en todos los lugares y prácticamente a todas horas. Nuestros sitios en la red, deben obligatoriamente ser visitados, sino, no tiene sentido estar en la red.

Todo este conglomerado de recursos, son muy importantes para conseguir promoción, divulgación que nos ayudarán a conseguir líneas en nuestro currículum además de otras exposiciones y conseguir que más gente se entere y por tanto aumentar las posibilidades de venta.

Una vez inaugurada la muestra, no debemos cesar en la promoción de nuestra actividad, es importante mantener presente la exposición en los medios de comunicación. Es muy importante que hablen de nosotros.

5- Otro punto que cabe mencionar es la asistencia a inauguraciones como parte del trabajo, y que no hay que dejar de hacerlo nunca. ¿Por qué es importante acudir a la inauguración de una exposición?. Una inauguración puede ser la oportunidad ideal para desarrollar distintos aspectos de la profesión, sobretodo por que en ese acto, en un mismo espacio se reúnen una tipología de gente que vive y trabaja para el Arte y la Cultura, además de ir conociendo la comunidad artística del lugar. A una inauguración deberemos acudir con la mentalidad de no ir a ver cuadros, sino localizar a la gente, que ha presentado, ha coordinado y/o patrocinado la muestra e intentar establecer un diálogo con ellos y una posible comunicación posterior para conseguir nuestros propósitos.

6- Otro punto de este apartado es la asistencia a ferias de Arte. En dicho evento, reunidos en un mismo espacio, se encuentran un gran número de galerías de todos los puntos de España. La oportunidad de este evento, es que tenemos muchas galerías de diferentes lugares a las cuales, dejarles nuestro dossier, además de hablar directamente con los galeristas en persona.

7- Fijarnos en los lugares que hayan expuesto artistas de edad y localidad semejante a la nuestra. Este es un aspecto muy útil que puede hacer ganar muchos puntos sobretodo si andamos un poco perdidos. Hay que estar al tanto de las actividades que realizan los que han sido por ejemplo compañeros de facultad que realizan muestras en lugares más o menos relevantes, debido a que nos manejamos en un nivel más o menos semejante por lo que se refiere a experiencia y *status* dentro del gremio de pintores. Si este no es el caso, podemos fijarnos en los pintores locales cuya edad se acerque a la nuestra y que ya posean cierto renombre en el terreno artístico. Es decir, ver el camino que ya han hecho otros.

8- Hacer charlas o visitas guiadas. Para captar la atención y recibir más visitas en la exposición, podemos llegar a organizar una conferencia o charla/visita, para así, poder hablar con el público (en este tipo de eventos suele haber un número reducido de asistentes), explicarles la parte conceptual de nuestra tesis plástica y de forma implícita conseguir algún que otro cliente.

9- Regalar y/o donar piezas. ¿Por qué debemos regalar o donar piezas? Según mi experiencia, hay diversos motivos. Tal vez, el primer motivo sea que el espacio que dispongamos para almacenar nuestras piezas roce el colapso, y para hacer sitio, regalemos algunos cuadros o venderlos a precios muy bajos. Con este gesto, conseguimos aliviar nuestra capacidad de almacenaje y conseguir que ciertas piezas estén en «colecciones privadas» y así ir añadiendo líneas a nuestro currículum artístico. Otra posibilidad es la donación. Cuando tengamos una exposición en marcha en determinado lugar, desde un bar hasta una galería, podemos donar un cuadro a la entidad o al dueño que nos cede el espacio para exponer. De esta forma, somos considerados y además secundariamente, seguimos ganando capacidad de almacenaje y líneas en el currículum, haciendo nuestra imagen como pintor más fiable y con un determinado *caché*, además de ser un hecho real que nuestras piezas se encuentran en determinados lugares de la geografía, tanto en entidades como en colecciones particulares. En alguna ocasión que otra, ciertos lugares, por ceder su espacio, nos obligan a donar un cuadro a dicha entidad. Eso no debe tomar como un problema, sino todo lo contrario, un beneficio. No ganamos dinero con esa transacción, pero sí vamos acumulando un listado de lugares y gente que podemos denominar *clientes*.

10- Hacernos con una cartera de clientes. A medida que vayamos consiguiendo exposiciones y vendiendo piezas en mayor o menor medida iremos haciendo don una clientela a la que le guste nuestros cuadros. A dicha clientela deberemos tenerla informada sobre nuestras actividades y tentarles a que vuelvan a comprar. Para afianzar esa clientela y para que adquieran nuevas piezas, se pueden utilizar diversos recursos, pero el más utilizado es hacer un descuento en el precio. Así, el cliente cree que está haciendo una compra por debajo del precio original y sale ganando.

Estos puntos, hay que tenerlos muy presentes y pueden llegar a ser nuestro *modus operandi* a la hora de conseguir exposiciones y la metodología para promocionarse como pintor.

Como todos sabemos, el ejercicio de hacer cuadros, de ser un productor Cultural, tiene un coste económico, y generar piezas suficientes para una exposición tiene un coste, y hay que amortizar dicho coste de dos formas, teniendo un poco de suerte y vendiendo algunas piezas, o sino es el caso, proceder a «pasear» los cuadros. ¿Qué quiere decir esto? Es muy sencillo, para amortizar el gasto de la generación de los cuadros, hay que generar diversas exposiciones con los mismos cuadros. Una estratagema muy utilizada es cambiar el nombre de la exposición, generando así «una nueva exposición». Con este recurso también conseguimos generar una línea coherente de exposiciones con un mismo estilo e ir marcándonos un camino concreto. Este recurso se utiliza más de lo que uno puede llegar a imaginar en pintores de todos los niveles.

I 2-LA EXPOSICIÓN

Una vez mediante la presentación de instancias, solicitudes y el dossier, conseguiremos una fecha para realizar una exposición. Es entonces cuando se debe empezar a pensar la exposición, en el diseño de ésta.

En ocasiones, conoceremos de antemano la sala, en otras no. El primer paso para empezar a planificar la exposición es ver y fotografiar la sala, y a continuación pensar en la disposición de las piezas en dicho lugar. A parte de esto, aquello más adecuado es conseguir una medida aproximada de la sala y de las paredes además de ver si tienen alguna característica especial: color, grietas, desconchones, columnas, pilares, mobiliario... A parte de esta vista general, también hay que mirar al techo, para ver que tipo de sistema de iluminación existe. Normalmente en las salas de exposiciones hay dos tipos de iluminación, la general y la destinada a iluminar los cuadros. Si tenemos el cuadro de luces o interruptores cerca, lo adecuado es ver que capacidades poseen dichas instalaciones. La luz es una de las partes más importantes de la exposición, y en la mayoría de casos se deja para el final y no es así. La luz es la que da el ambiente y es la que hace destacar las piezas. Es el elemento imprescindible de nuestra puesta escena.

Recopilados datos y material fotográfico, muchos pintores hacen un *render*. Este paso implica realizar una simulación con las fotografías tomadas y distribuir los cuadros digitalmente hasta conseguir una vista preliminar del resultado final. Otro tipo de *render*, más primitivo, es hacer un pequeño plano de la sala y hacer una aproximación imaginaria del resultado final. De todos modos, siempre en el montaje surgen cambios que en las simulaciones funcionaban pero en la realidad no.

Cuando ya tenemos el apartado de la simulación terminado, pasamos al área de diseño gráfico o gráfica publicitaria, el elemento para promocionar la exposición. El primer punto es pensar el título de la exposición si no lo hemos hecho previamente. La estrategia adecuada para el nombre es que debe ser corto pero llamativo. El siguiente punto es empezar a hacer bocetos para el cartel, sin olvidar que tanto en el cartel como en las invitaciones deben figurar ciertos datos imprescindibles, como por ejemplo: título de la exposición, nombre del pintor, duración de la exposición, lugar, día y hora de la inauguración, horario de visita, logotipos del lugar si los tuviese y logotipos de las entidades que nos financian la inauguración (si ese es el caso).

Dentro del ámbito de la gráfica publicitaria, se pueden utilizar muchos elementos, dependiendo claramente del presupuesto disponible. Como mínimo, debe haber dos elementos, carteles y postales/invitación. Más allá de estos elementos podemos incluir invitaciones, postales, marcapáginas, dípticos, trípticos, cartelas e incluso si el presupuesto es muy elevado, catálogo. Si tenemos suerte, algunos espacios, destinan una partida económica para hacer el catálogo, cosa que no hace nada más que beneficiarnos, ya que dispondríamos de catálogo y no afectaría a nuestro bolsillo. Evidentemente toda esta gráfica publicitaria, debe seguir una línea coherente global en cuanto al diseño de todos los elementos que decidamos utilizar.

Pasado el punto, del diseño gráfico, se procede a preparar los cuadros para el embalaje. Para este trabajo son necesarias ciertas herramientas como cúter, tijeras, cinta de embalar, plástico de burbujas, guantes de algodón, cantoneras, cajas, además de pensar en el sistema de transporte que utilizaremos para llevar los cuadros del estudio a la sala de exposiciones. Es muy importante conservar los embalajes, básicamente por dos motivos: por que ya han cogido la forma de los cuadros, cosa que hace que ese embalaje tan sólo sirva para esos cuadros, y el elemento económico, ya que se recicla y por tanto se ahorra.

Solucionados estos tres puntos que son los de gestión y una vez están las piezas en la sala de exposiciones, pasamos al montaje. Lo ideal para empezar es encender sólo los focos destinados a la iluminación de los cuadros, ya que éstos son los que dan el ambiente y hacen resaltar las piezas en la estancia. Da igual su posición, eso se ajustará una vez que tengamos las piezas colgadas en el lugar adecuado. Para montar una exposición, desde mi experiencia, siempre hay que llevar una caja de herramientas con unos cuantos útiles imprescindibles para el montaje de una exposición como martillo, hilo de pescar, destornilladores de punta plana y punta de estrella, guantes (y su recambio), un nivel, metro, tijeras, cúter, alicates, grapadora además de clavos, hembrillas, grapas… Si las piezas se encuentran enmarcadas y dicho marco lleva cristal añadiremos además a esta caja de herramientas dos cosas, un trapo y limpia-cristales o en su defecto toallitas limpia-cristales. El resto de elementos como los cables para colgar los cuadros, sus sujeciones y escalera suele proporcionarlo la entidad que nos cede la sala.

Para trabajar adecuadamente, se hará necesaria una mesa donde empezar a desembalar las piezas. Para la manipulación de las piezas es indispensable el uso de guantes, tanto para el embalaje, desembalaje y posterior manipulación en el montaje de la exposición. Es muy importante utilizar siempre guantes, ya que en caso de no hacerlo, estropearíamos los cuadros mucho más deprisa.

Desembalados los cuadros, es muy importante que éstos nunca toquen directamente el suelo. Para cumplir con ese fin, el plástico de burbujas que retiramos a algunas piezas también realizará esa función aislante, colocándolo en el suelo cerca de la pared donde van a ir los lienzos. Así, disponiendo los cuadros en función del diseño que hayamos realizado previamente, podremos hacer los pertinentes cambios si fuera necesario. De este modo es más fácil hacer modificaciones en la distribución, que si estuvieran colgados. Cuando ya sabemos cómo y donde van a ir los cuadros, calculamos el número de cables que harán falta y/o de los que disponemos para que luzcan adecuadamente los cuadros y pasamos a incorporar los cables al sistema que haya instalado. Para ello, hará falta el uso de una escalera. En este punto da igual la altura en que se encuentren los ganchos de los que luego nos serviremos para colgar las piezas.

Así pues, pasamos a colgar los cuadros. Una vez colgados, la exposición tendrá un aspecto caótico con las piezas torcidas y mal colocadas. A partir de aquí, el trabajo es más minucioso, ya que hay que poner las piezas a un nivel que no resulte ni muy bajo ni muy alto, y aumentando o disminuyendo las distancias si se trata de lienzos en vertical u horizontal. Siempre podremos meter más cuadros en una pared si éstos son verticales que si son horizontales, ya que entre piezas horizontales hay que aumentar la distancia entre pieza y pieza. El trabajo minucioso que mencionaba, trata de bajar o subir los ganchos que sujetan el cuadro al cable hasta conseguir una altura adecuada, además de ayudarnos del nivel y del metro para conseguir con más exactitud dicho propósito. Para mí, es el trabajo más laborioso, pero es el más importante, ya que una exposición es un escaparate donde vender y vendernos a nosotros mismos. ¿Qué impresión tendríamos si entráramos a una tienda donde todo está revuelto y mal colocado? Automáticamente, el inconsciente nos induciría a no comprar nada y salir cuanto más rápido, mejor. En una exposición ocurre lo mismo. Todo debe estar ordenado y dispuesto con una coherencia y sentido, volcados sobretodo en el realce y exaltación de las piezas. Es el trabajo más laborioso y más lento, pero realmente, merece la pena.

Terminado este ingrato pero necesario paso y además tenemos los cuadros adecuadamente nivelados, con la altura y distancia entre ellos es la adecuada, pasamos a regular definitiva-mente los focos para hacer destacar las obras de la pared. Finalizado este punto, colocamos las cartelas al lado de los cuadros, teniendo en cuenta que si colocamos una cartela a la derecha, todas irán a la derecha, debe existir siempre una coherencia. Ejecutados todos los puntos, la exposición estará lista para abrirse al público.

Evidentemente, todos los pasos que citados en este capítulo el tiempo que se use sobretodo en el montaje puede ser más grande o pequeño en función del número de piezas y del plazo que dispongamos para realizar el montaje y posteriormente el desmontaje, trabajo que se realiza con más rapidez, debido a que no se presta atención a la luminaria ni a la disposición de las piezas ya que no es necesario.

Por último, no hay que olvidar la inauguración, donde también habrá que tener un especial cuidado en el lugar y disposición de los elementos como vasos, platos, comida y bebida. La presentación lo es todo en una exposición y hay que aplicarlo a todos los aspectos.

I 3-CONCLUSIÓN

Después de estos capítulos, la idea principal es orientar a aquellas personas que quieren llegar a dedicarse a la Pintura de un modo profesional, tal y como se mencionaba en el prólogo. No se trata de dar una falsa fórmula exitosa en pocos pasos tal y como prometen otros libros de distinta índole, se trata de una guía, de un manual, de un libro de consulta sobre como abordar lo que llamamos mercado del Arte e introducirse en él.

En cada capítulo se han utilizado principalmente dos elementos, el conocimiento adquirido en libros e instituciones y la experiencia propia como pintor, o al menos, como a mí me gusta decirlo, *pintor en prácticas*, es decir, alguien que intenta ser pintor, pero es joven e inexperto y debe hacer grandes esfuerzos para conseguir hacerse ver. Es un trabajo arduo, donde dentro del oficio artístico hay que desarrollar otros trabajos que nadie cuenta para poder llevar a cabo una exposición en condiciones. Lo que no se ve del Arte y la Pintura.

Desde la experiencia, puedo decir que una exposición lleva a otra. No hay que detenerse. En cada exposición el peor crítico debe ser el propio pintor, ya que siempre hay que mantener una actitud autocrítica e ir corrigiendo y ampliando factores en los que fallamos o desconocemos e ir aumentando éstos en cada exposición. Siempre hay que estar en constante movimiento e ir añadiendo nuevos conceptos o derivaciones de éstos. Así de este modo, la actividad no cesará, será más o menos intensa, en diferentes fluctuaciones, pero siempre habrá movimiento. Esa es la premisa básica para el pintor.

Otro criterio que hay que tener mucho en cuenta es la observación e intentar estar al tanto de lo que sucede artísticamente en nuestro alrededor. No se pretende copiar o plagiar aquella gente en la que nos fijamos, sino tomarlos como referencia y conseguir «desvelar» los métodos y formas que han utilizado para llegar a lo que son. Analizar detalladamente el oficio de pintor en cada pintor, y evidentemente aprender de aquellos que nos preceden.

REFERENCIAS BIBLIOGRÁFICAS

DISEÑO Y GESTIÓN DE EXPOSICIONES

ALONSO FERNÁNDEZ, LUÍS, GARCÍA FERNÁNDEZ, ISABEL. *Diseño de exposiciones: concepto, instalación y montaje.* Alianza Editorial, Madrid, 1999.

BELCHER, MICHAEL. *Organización y diseño de exposiciones. Su relación con el museo.* Trea, Gijón, 1997.

GARCÍA BLANCO, ÁNGELA. *La exposición, un medio de comunicación.* Ed. Akal. Madrid, 1999.

HERNÁNDEZ, F. *El museo como espacio de comunicación*, Trea, Gijón, 2003

HERNÁNDEZ, F. *Manual de Museología*, Síntesis, Madrid, 1994.

HUGHES, PHILIP. *Diseño de exposiciones.* Promopress, Barcelona, 2010.

RICO, JUAN CARLOS. *Montaje de exposiciones, museos, arquitectura, Arte.* Siles D.L. Madrid, 1996.

TOBELEM, JEAN-MICHEL. *La nueva era de los museos. Las instituciones Culturales se enfrentan al reto de la gestión.* Nausicaä, 2012.

ENSAYO

ARGULLOL, RAFAEL. *Tres miradas sobre el Arte*. Icaria Editorial.

MANUALES DE PINTURA

PEDROLA, ANTONI. *Materials, procediments i tècniques pictòriques*. Universitat de Barcelona (Barcanova), Barcelona, 1990.

SALA, EMILIO. *Gramática del color*. Institució Alfons el Magnànim. Valencia, 1999.

SMITH, RAY. *El manual del artista*. Blume, Madrid, 1991.

METODOLOGÍA PROYECTUAL

CUESTA PALACIOS, LOURDES. *Procesos intelectuales y metodológicos de creatividad en el proyecto artístico*. Universidad del País Vasco, Servicio Editorial.

FULLAONDO, J.D. *Arte, proyecto y todo lo demás*. Madrid, Kain editorial, 1991.

PUBLICIDAD Y MARKETING

LANDA, ROBIN. *Publicidad y diseño. Las claves del éxito*. Anaya Multimedia.

SMITH, MARI. *El nuevo marketing relacional*. Anaya Multimedia.

ÍNDICE